Superar la Ansiedad en las Relaciones

Cómo eliminar el pensamiento negativo, los celos, el apego y los conflictos de pareja: La inseguridad y el miedo al abandono a menudo causan daños irreparables sin terapia

Por Lilly Andrew

Indice

Introducción

¿Alguna vez has sufrido una abrumadora sensación de ansiedad en una relación? No estás solo. La mayoría de las personas han pasado por alguna forma de esto en un momento u otro en una relación.

La buena noticia es que esta ansiedad es natural y puedes controlarla con un par de sencillos consejos y trucos. Estos consejos y trucos ayudarán a evitar que la ansiedad sabotee tu relación floreciente y tu vida cotidiana.

En este libro, cubriremos los diferentes tipos de ansiedad en las relaciones que son comunes en la mayoría de las personas. Además, comentaremos sus efectos en nuestra salud física y mental y las diferentes formas de afrontarlos.

Sin embargo, este libro no es solo para quienes están en nuevas relaciones. También contiene varios consejos para relaciones a largo plazo o matrimonios que buscan formas de reavivar la chispa de su relación y eliminar parte del estrés y las preocupaciones que tienen.

Los problemas de ansiedad en las relaciones prevalecen no solo en las nuevas relaciones. Por lo tanto, este libro también proporciona detalles extensos sobre cómo combatir la ansiedad en las relaciones en las relaciones y los matrimonios a largo plazo. Ha reunido la información necesaria para lograr relaciones más saludables y felices con su pareja.

Capítulo 1: Ansiedad en las relaciones

La ansiedad puede ocurrir incluso en las relaciones más sólidas. Incluso si tú y tu pareja están locamente enamorados, confían el uno en el otro y respetan los límites del otro, todavía existe la posibilidad de que la ansiedad afecte su relación en algún momento.

Tal vez tengas preocupaciones constantes sobre si la relación durará, si eres lo suficientemente bueno para tu pareja, si es digna de confianza o si es la persona adecuada para ti. Todas estas son formas de ansiedad en las relaciones. La ansiedad en las relaciones abarca desde sentimientos de inseguridad hasta pensamientos preocupantes. Pueden surgir en cualquier momento de una relación, incluso si la relación en sí va bastante bien.

De hecho, en algunos casos, es más probable que estos sentimientos surjan cuando crece el afecto por tu pareja. Es posible que sienta que tiene más que perder ahora que cuando comenzó la relación y no estaba tan involucrado.

Supervisión de la ansiedad

Si no se atiende, la ansiedad puede apoderarse de tu vida y rápidamente dificultarle la realización de otras tareas diarias. Si dejas que tu ansiedad te consuma, puede afectar seriamente tu salud y bienestar. Para asegurarte de controlar sus niveles de ansiedad, hay varias cosas que puedes hacer.

Para empezar, puedes ofrecer tus servicios o ayudar a otros. Esto te dará una sensación de confiabilidad. Muchas organizaciones benéficas diferentes necesitan voluntarios. Alternativamente, simplemente puedes comunicarte con un nuevo amigo.

También puedes asegurarte de detectar las preocupaciones innecesarias con anticipación. Asegúrate de perdonarte a tí mismo por tener pensamientos negativos de vez en cuando. Estos actos de amor propio te acercarán un paso más a abordar tu ansiedad.

La naturaleza de la ansiedad

El miedo es una de las emociones principales, y casi todos los humanos lo experimentarán en un momento u otro. Más personas de las que piensas tienen miedos a las relaciones. La ansiedad tampoco es exclusiva de los humanos. Los estudios han demostrado que todas las especies animales también experimentan sentimientos de ansiedad.

El cuerpo humano ha sido creado para sentir miedo. Este instinto se ha utilizado para mantener vivos a los humanos. Sin embargo, en nuestra sociedad moderna, donde nuestras vidas corren menos riesgo de muerte cada día y las amenazas se han vuelto significativamente menos inminentes, este miedo y ansiedad se manifiestan de diferentes maneras, como en nuestro trabajo o relaciones.

Los efectos de la ansiedad

Los efectos de la ansiedad en tu salud física y mental pueden ser bastante peligrosos si no se tratan. Algunos de los síntomas comunes incluyen sentirse cansado, nervioso, tenso o inquieto. También puedes sentirte abrumado por una sensación de fatalidad, pánico o peligro que se cierne sobre ti a medida que avanza en tu vida cotidiana. Aparte de esto, otros efectos de la ansiedad son un aumento en la frecuencia cardíaca, sensaciones de temblor y sudoración.

Otro efecto intrigante de la ansiedad es la incapacidad de concentrarse en algo. Esto se debe a que tu mente vaga continuamente por lugares de preocupación, lo que hace que las tareas diarias sean difíciles de completar.

Las causas de la ansiedad

La causa fundamental de la ansiedad varía de persona a persona. En verdad, nadie sabe con precisión qué causa la ansiedad. Sin embargo, están involucrados varios factores diferentes que finalmente conducen a un estado de ansiedad. Uno de estos incluye experiencias pasadas o experiencias desde una edad temprana. Las experiencias dolorosas en la niñez, como el abuso, la negligencia, la pérdida de un padre o la intimidación, pueden generar ansiedad en el futuro. Tu situación de vida actual también puede causar ansiedad. Si estás sin trabajo, tienes problemas económicos o has perdido a alguien cercano, tus niveles de ansiedad pueden aumentar. Los problemas de salud física o mental también pueden provocar ansiedad, por ejemplo, cuando vives con una enfermedad grave o te enfrentas a un problema psicológico como la depresión.

El manejo de la ansiedad

La ansiedad se puede controlar de diferentes formas. Una táctica fácil de implementar cuando se lucha contra la ansiedad es respirar lenta y profundamente. Al ralentizar deliberadamente la respiración, reduce la frecuencia cardíaca, lo que le ayuda a reducir la ansiedad.

Uno de los peores aspectos de la ansiedad es cuando piensas demasiado en cosas terribles que aún no han ocurrido. Decirte a ti mismo que debes permanecer en el momento y vivir en el presente te ayudará a evitar estos escenarios inventados. Otra táctica es el diálogo interno. Asegúrate de exponer cuáles son los hechos y lo que has creado a través de la ansiedad. Esto te ayudará a mantener todo bajo control

Depresión con ansiedad y relaciones

La ansiedad puede conducir a la depresión, lo que puede dañar enormemente tu relación. La depresión puede conducir a un estado mental infeliz. Esto puede hacer que tengas pensamientos no deseados y que actúes de forma negativa. Si no se trata adecuadamente (por ejemplo, discutirlo con tu pareja), en última instancia, tu depresión puede conducir a problemas más serios en tu relación.

Un aspecto de tu relación que puede verse afectado por la depresión es tu vida sexual y la de tu pareja. La depresión puede complicar una conexión íntima con tu pareja. Los estudios han demostrado que la depresión conduce a una disminución de la libido. Cuando su vida sexual se ve afectada, también lo hace la relación, ya que tener una vida sexual saludable ayuda a liberar el estrés y aumenta la confianza mutua.

Consejos para ayudar a reducir los niveles de ansiedad mediante el ejercicio

Una forma de vencer tus niveles de ansiedad es mediante el ejercicio. Muchos estudios relacionan el ejercicio con una reducción de los niveles de ansiedad. El ejercicio se considera vital para apoyar la salud mental. Reduce el estrés, que es uno de los componentes críticos que contribuyen a la ansiedad. El ejercicio reduce la fatiga, aumenta su concentración y la función cerebral y controla tus niveles de ansiedad.

Existe un vínculo directo entre cómo se siente tu cuerpo y cómo funciona tu mente. Cuando mejore cómo se siente tu cuerpo a través del ejercicio regular, tendrás una mente más sana. Los productos químicos en tu cerebro a menudo funcionan como analgésicos naturales, que mejoran aspectos de la vida, como el sueño. Esto puede reducir significativamente el impacto de la ansiedad.

Supervisar el estrés y construir relaciones sólidas

Si lo permites, el estrés puede afectar significativamente las relaciones y, en última instancia, conducir a relaciones infelices o incluso a una ruptura. Sin embargo, ¡este no tiene por qué ser el caso! Puedes utilizar algunas tácticas para superar los sentimientos de estrés y construir una base sólida y estable para una relación íntima con tu pareja.

1. *No tengas miedo de no estar de acuerdo.* Es fundamental tener tu propia opinión sobre las cosas. Eso no significa que debas discutir, pero asegúrate de seguir defendiendo tus creencias.

2. *Comunicarse.* Hablar: este es el aspecto más importante de cualquier relación y, como era de esperar, resuelve la mayoría de los problemas que experimentan las parejas. Continúa comunicando cómo te sientes con tu pareja y asegúrate de escuchar cuando ellos hagan lo mismo.

3. *Mantén otros intereses.* Siempre es saludable tener intereses fuera de la relación. Es bueno tener amigos y tienes que confiar en tu pareja cuando realiza actividades con su propio grupo de amigos.

Ansiedad por atracción

La ansiedad por atracción ocurre cuando te pones tan ansioso en una relación que tu cuerpo entra en modo de supervivencia. En este punto, te sentirás más atraído por personas ajenas a la relación, lo que, como era de esperar, puede causar muchos problemas.

Tu cuerpo puede tener estos sentimientos cuando estás ansioso porque tu pareja te está engañando o cuando temes que te abandonen. A través de este miedo innecesario a estar solo, inconscientemente puedes buscar otra pareja en un nivel primario antes de que necesites hacerlo.

El diamante dentro de la ansiedad

El diamante dentro de la ansiedad es un concepto interesante y uno a tener en cuenta cuando luchas por estar al tanto de tus emociones. En última instancia, el concepto establece que debajo de tus problemas de ansiedad, tienes una gran personalidad esperando a salir, como un diamante en bruto.

Al tomar medidas para abrirte con tu pareja sobre cualquier problema de ansiedad, romper esas barreras internas y volverte más confiable, finalmente te dejará en una relación que es más fuerte que nunca y solo crecerá a partir de ahí.

Si la relación no funciona por cualquier motivo, también podrás manejar el problema de la pérdida y estar mejor preparado para otra relación cuando sea el momento adecuado.

Las relaciones indeseables pueden causar ansiedad y estrés

Vale la pena señalar en esta etapa que no todas las relaciones brindan apoyo cuando se trata de lidiar con la ansiedad y el estrés. Algunas malas relaciones pueden provocar más ansiedad, estrés e incluso graves problemas de salud.

Una de las principales señales de que estás en una mala relación es cuando tu pareja te está dando razones para no confiar en ella. Es posible que anteriormente hayas sido muy digno de confianza, pero con el tiempo, comportamientos como escaparte, no volver a casa por la noche o mentir sobre el lugar al que va tu pareja pueden llevarte a sentirte más ansioso y estresado.

Otro signo de una mala relación es la falta de comunicación. Si tu pareja no se está abriendo contigo o no te brinda una tranquilidad razonable acerca de sus sentimientos, entonces esto puede hacer que te sientas más ansioso acerca de tu posición o hacia dónde va la relación.

Ansiedad por el desempeño

La ansiedad por el desempeño es el miedo a no poder desempeñarte. Esto puede ocurrir en las relaciones, así como en entornos musicales o deportivos. En una relación, la ansiedad por el desempeño ocurre principalmente en los hombres cuando no pueden excitarse y tener relaciones sexuales con su pareja. La ansiedad por el desempeño ocurre con más frecuencia de lo que crees, pero debido a que no se habla de ella abiertamente, puedes sentir que es la única persona que está sufriendo. Esto puede deberse a varias razones. Algunas de los cuales están relacionados con la salud, mientras que otras están relacionadas con nuestra salud mental. Si no se discute y resuelve, esto puede conducir a fricciones en la relación, lo que, a su vez, puede generar aún más problemas de desempeño. Es importante hablar con tu pareja si ocurre este problema para ayudarlos a comprender qué puede estar causando y permitirles que lo ayuden a resolver el problema.

Consejos para superar la ansiedad por el desempeño

Si alguna vez has experimentado ansiedad por el desempeño en una relación, sabrás que puede ser vergonzoso y no desaparece sin usar algunos consejos y trucos inteligentes. Algunos consejos para superar la ansiedad por el desempeño en una relación incluyen los siguientes:

- *Reduce tus niveles de cafeína para reducir la posibilidad de un aumento de la frecuencia cardíaca. Esto evitará que acumules demasiada ansiedad, lo que te permitirá concentrarte en la tarea en cuestión.*
- *Si no tienes éxito al principio, vuelve a intentarlo. El hecho de que no pudiste rendir una vez, no significa que será un problema todas las veces. No evites intentar tener relaciones sexuales con tu pareja.*
- *Concéntrate en los aspectos positivos en lugar de los negativos. Piensa en lo que te gusta de tener relaciones sexuales con tu pareja en lugar de lo que podría salir mal.*
- *Actúa con naturalidad y se tu mismo. La ansiedad por el desempeño no es infrecuente en las relaciones. Es importante que no cambies. Se honesto contigo mismo.*

- *Haz ejercicio y mejora tu dieta. Ambos ayudarán a cualquier problema físico que puedas tener y que te provoque ansiedad por el desempeño en el dormitorio.*

Todos estos consejos te ayudarán a superar la ansiedad por el desempeño en tu relación.

Confianza y ansiedad

Al leer este libro, notarás que los niveles de confianza y el impacto de la ansiedad van de la mano. Dudar de la integridad de una relación puede ser una de las principales fuentes de ansiedad y estrés. A la larga, tendrá un efecto muy perjudicial en tu relación.

No es raro que las personas se enamoren de sus parejas debido a su estilo de vida divertido, lleno de amigos y eventos sociales. Sin embargo, si dejan de ver a sus amigos porque tienes problemas de confianza y les impides salir con otras personas, es posible que acabes sintiéndote menos atraído por ellos, ya que ya no viven la vida divertida que tenían cuando se conocieron. O eso, o tu pareja se frustrará contigo por no dejarle vivir su vida y terminará la relación.

¿Qué se puede hacer con la ansiedad en las relaciones?

Entonces, ¿cómo puedes abordar esta ansiedad de relación? En primer lugar, debes permitirte confiar en que tu pareja te es fiel hasta que te demuestre lo contrario. Si no hay señales de que sean infieles, entonces debes confiar en ellos para vivir su vida. Esto también te dará tiempo para salir y vivir tu propia vida, ¡así que es beneficioso para todos!

Tener conexiones seguras fuera de la relación les da a ambos una base más sólida para construir su vínculo. Además, cuando sabes que tienes un grupo fuerte de amigos y familiares a los que recurrir si es necesario, te colocas en una mejor posición para estar menos estresado por la posible terminación de la relación.

Otra forma de superar la ansiedad en las relaciones es hablar de ello en voz alta con tu pareja. Decirlo en voz alta te quita la carga de encima y permite que tu pareja te tranquilice. ¡Incluso puede sorprenderte saber que tu pareja también puede tener los mismos problemas!

Capítulo 2: Elimina la inseguridad y el miedo en tu relación

Las inseguridades en las relaciones son extremadamente comunes y la mayoría de las personas han experimentado inseguridad en un momento u otro de su vida. Sin embargo, cuando estas inseguridades se vuelven crónicas, pueden dañar gravemente tus relaciones más íntimas y tu vida cotidiana.

Tener inseguridades severas en las relaciones te quita la capacidad de estar en paz. Te dejará nervioso o sin autenticidad con tu pareja. Curiosamente, la mayoría de las inseguridades en las relaciones provienen de adentro y no de cómo actúa tu pareja o lo que hace.

Estos sentimientos a menudo están arraigados desde una edad temprana, posiblemente debido a problemas de apego con tus padres o miembros de tu familia. También podrían manifestarse por haber sido lastimados en el pasado por una pareja anterior o por ser rechazados por alguien que amas profundamente.

La mayoría de los miedos a las relaciones provienen de pensamientos irracionales. Quizás pienses que no eres lo suficientemente bueno, que no tendrás nada sin tu pareja, que nadie te amará de verdad o que nunca encontrarás a nadie más.

Si algo de esto te resuena, no te preocupes, hemos reunido algunos consejos y trucos útiles para que te ayuden a reducir estas preocupaciones a un nivel más manejable.

Una relación basada en la confianza

En pocas palabras, las relaciones saludables no existen sin una gran cantidad de confianza. Sin embargo, casi todos hemos experimentado momentos en nuestras vidas en los que la confianza se ha roto en una relación, ya sea a través de algo tan pequeño como una mentira piadosa o tan grande como una trampa.

Es esencial asegurarse de que estos sentimientos de desconfianza en las parejas anteriores no se incorporen a una nueva relación con una pareja que nunca le ha dado una razón para desconfiar de ellos.

La confianza es difícil de construir, pero muy fácil de derribar, por lo que es importante trabajar de manera constante y repetida. Debes estar abierto a confiar en tu pareja hasta que te den una razón para no hacerlo.

Algunas de las formas importantes de mejorar la confianza incluyen las siguientes:

- Comunicarse
- Pensar bien las cosas antes de tomar decisiones.
- Ser coherentes entre sí
- Honrar sus compromisos
- Escuchar activamente
- Ser honesto
- Admitir errores
- Ser abierto sobre tus sentimientos

Todo esto puede usarse para aumentar la confianza en una relación, pero solo funciona cuando ambas partes están dispuestas a comprometerse juntas. Es importante darse cuenta cuando se hace el esfuerzo e intentar cumplirlo.

Método para superar el miedo al abandono

Una de las causas más importantes de ansiedad en una relación es el miedo al abandono. Esto puede provenir de experiencias de relaciones previas o de problemas que surgen de la infancia.

Mucha gente experimenta miedo al abandono. Lo que es frustrante es que si sufres este miedo, solo aumentará más cuando te hayas enamorado genuinamente de tu pareja. ¡Cuanto más te guste, más sentirás que tienes que perder!

Sin embargo, este miedo puede superarse utilizando una variedad de consejos y técnicas diferentes. Uno de ellos es la bondad hacia uno mismo. Aceptarte por quien eres y ser cálido y amigable contigo mismo te permitirá convertirte en un mejor amigo para ti mismo, reduciendo el miedo a quedarte solo.

Otra técnica es la atención plena. Ser consciente evita que tu imaginación se escape con pensamientos negativos; en cambio, los mantiene bajo control con la ayuda de un diálogo interno positivo.

Mindfulness consiste en reconocer cuáles son estos sentimientos y luego manejarlos con un diálogo interno positivo para que desaparezcan. Puede resultar útil ignorar estos pensamientos a corto plazo, pero pueden volverse abrumadores más adelante.

Señales de que no estás seguro en tu relación y cómo solucionarlo

Ahora más que nunca, con nuestro acceso a las redes sociales, la inseguridad abunda en las relaciones. Sin embargo, esto no significa que la inseguridad en las relaciones deba gobernar tu vida. Hay cosas que puede hacer para ayudar a resolver el problema. Pero antes de eso, aquí hay algunas señales de que estas inseguro en tu relación.

1. *Quieres mirar el teléfono de tu pareja.* Tu pareja va a darse una ducha y deja su teléfono en el sofá. ¿Qué haces? Si tu reacción inicial es revisarlo y ver con quién está hablando, es posible que estés luchando contra la inseguridad en tu relación. Si bien puede parecerte inocente, es una invasión directa de su privacidad.

2. *No te gusta que tenga una vida social.* Si te preocupa que tu pareja se encuentre con sus amigos en el parque, esta es una señal masiva de desconfianza e inseguridad. Si no puedes permitirte estar bien con que tu pareja vea a amigos sin pensar que te engañará, entonces es hora de controlar tus inseguridades.

3. *Evitas la confrontación.* No estamos sugiriendo que discutir todo el tiempo sea bueno, pero si mantienes las cosas en su sitio y no las discutes, finalmente habrá una explosión. Una señal significativa de inseguridad es evitar hablar de cualquier confrontación cuando sea necesario para una relación íntima exitosa.

Enfoques para dejar ir la inseguridad de tu relación

Entonces, ¿cómo puedes eliminar algunas de estas inseguridades y permitir que tu relación crezca y progrese? Aquí hay algunos enfoques sencillos de la vida que dejarán de lado algunas de tus inseguridades.

1. *Recuerda que no todo se trata de ti.* En primer lugar, es fundamental dar un paso atrás y darte cuenta de que no todo se trata de ti. Si tu pareja

no quiere salir por la noche, no significa que no quiera que la vean contigo. Probablemente solo significa que está cansada y no quiere salir.

2. *No te sientas paranoico por nada.* Las chicas tienen amigos que son chicos y los chicos tienen amigos que son chicas. Después de todo, es 2020. El hecho de que tu pareja tenga amigos del sexo opuesto no significa que te estén engañando o que sean algo más que los amigos que tu pareja te dice que son.

3. *No evites la confrontación.* Enfrentar los problemas de frente y discutirlos hasta que se resuelvan desarrollará un nivel de confianza tan firme que te sentirá cómodo hablando de cualquier cosa con tu pareja. A la larga, valen la pena las duras conversaciones iniciales.

4. *Deja de depender de los demás.* El amor propio es el amor más importante. Tener esto en tu lugar antes de salir al mundo de las citas es vital si deseas tener relaciones duraderas y significativas. Si bien los abrazos y los besos son hermosos, es vital amarte a tí mismo primero y saber que estarás bien si estas cosas desaparecen.

Los efectos de la inseguridad

Si bien puedes sentir que, si te guardas tus inseguridades para tí mismo y las alejas de tu pareja, todo estará bien, lamentablemente esto está lejos de la verdad. En última instancia, estos sentimientos se filtrarán, ya sea a través de palabras o acciones, y tendrán varios efectos dañinos en tu relación.

1. *Confía en tu pareja.* Lo primero y más importante de cualquier relación exitosa es la confianza. La confianza es la piedra angular de cualquier relación romántica. Sin confiar plenamente en tu pareja, puedes terminar alejándolos o luchando por abrirse emocionalmente, lo que obstaculizará la progresión de la relación con el tiempo.

2. *Convierte los pensamientos negativos en acciones.* Todo el mundo tiene pensamientos negativos; eso es un hecho de la vida. Sin embargo, si continuamente te bombardeas con pensamientos negativos, finalmente los interiorizarás, lo que afectará tu forma de actuar. Estas acciones también tendrán un efecto negativo general en tu relación.

3. *Necesitas tranquilidad constante.* Una vez más, todo el mundo necesita algo de tranquilidad de vez en cuando. Sin embargo, si necesitas

una validación constante, algo anda muy mal. Aparte de esto, cuando tu pareja se canse de la constante necesidad de tranquilizarte, esto hará que te vuelvas aún más inseguro. Este tipo de comportamiento debe rectificarse rápidamente.

¿Cómo puedo superar la inseguridad?

Ahora que hemos establecido algunas de las características cruciales de la inseguridad, analicemos algunos de los consejos y trucos fáciles que puedes utilizar para superar esos pensamientos y acciones negativos.

1. Mejora tu autoestima. La práctica de mejorar tu autoestima contribuirá en gran medida a eliminar esas inseguridades en tu relación. Si te tomas el tiempo para hacer esto, te sentirás más seguro y digno de confianza. Ejemplos de prácticas excelentes para la autoestima incluyen tomarse un día personal, ir a un spa o hacer ejercicio con más frecuencia.

2. Confía en tu pareja y en ti mismo. La confianza es igual a la felicidad, simple y llanamente. Las relaciones saludables se basan en la confianza, ya que le permiten a tu pareja vivir su vida y florecer. También es fundamental confiar en tus instintos. Si tu pareja nunca te ha engañado o te ha dado una razón para pensar que lo haría, ¿por qué no confiarías en ella?

3. Aprende a no pensar demasiado. Finalmente, es imperativo no pensar demasiado. Si tu pareja va a ver a algunos amigos sin ti, no te lo tomes como algo personal. Pensar demasiado en estas simples acciones humanas del día a día puede llevar a más cuestionamientos y desconfianza sin ninguna razón. Es importante tener en cuenta cuándo estás haciendo esto y reprimir este sentimiento de inmediato.

Trata de no dejar que el miedo destruya tu relación

¡Un poco de miedo en una relación es algo bueno! La presencia del miedo a perder a tu pareja refuerza la intensidad de tus sentimientos hacia ella. También muestra cuánto te importa. Sin embargo, tener demasiado miedo presente en una relación puede, en última instancia, sabotearla hasta el punto de deteriorarse, pero no es necesario.

Una forma de abordar tus miedos en una relación es comunicarte con tu pareja. Al contarle a tu pareja tus preocupaciones, estás permitiendo que entre en tu mente para que comprenda mejor cómo trabaja. También debes estar allí para escuchar los miedos de tu pareja. ¡Incluso te sorprenderás al descubrir que tiene muchas de las mismas preocupaciones que tu!

También existen diferentes tipos de miedo, como el miedo a la soledad, el miedo al aburrimiento y el miedo al cambio, por nombrar algunos. Es esencial identificar qué miedos son relevantes para ti, ya que eso te ayudará a combatirlos mejor en el futuro.

Al abordar los temores de tu relación como equipo, estás dando los primeros pasos para generar confianza y llevar tu relación al siguiente nivel.

Adaptarte al miedo en tu relación

Ahora que has reconocido con éxito los miedos que tienes en tu relación, el trabajo no se detiene ahí. Es fundamental controlar estos temores. Asegúrate de discutirlos cuando sea necesario. Mantenlos bajo control para evitar que afecten negativamente tu relación en el futuro.

Al construir una base de relaciones sólida y confiable, se sentirán cómodos llamándose mutuamente a partir de acciones o sentimientos derivados del miedo. Esto les permitirá a ambos controlar sus miedos mientras continúan progresando en su relación.

Con el tiempo, estos temores a las relaciones serán aniquilados por una acción positiva constante de ustedes dos. El miedo será cada vez menor a medida que avanza la relación, pero solo si puedes poner estas bases sólidas en su lugar inicialmente.

Compara esto con la construcción de una casa. Al construir una casa, no empezarías por el techo. Primero construye los cimientos, luego las paredes y los soportes de la estructura, y luego el techo. Sabrás si tienes una casa fuerte y resistente solo después de que se haya realizado el trabajo inicial en los cimientos.

Capítulo 3: Los problemas más comunes de las parejas

Como era de esperar, muchas parejas casadas se enfrentan a problemas muy similares, la mayoría de los cuales se pueden resolver, evitar o arreglar.

1. *Diferencias sexuales:* aunque algunas personas se sienten incómodas al decirlo en voz alta, la intimidad física es vital para las relaciones duraderas. Debido a esto, las diferencias sexuales y la pérdida de la libido son problemas frecuentes para las parejas casadas.

2. *Creencias y valores:* Siempre habrá algunas diferencias en un matrimonio, y eso no es nada malo. Es saludable tener debates y discusiones sobre diferentes temas. Sin embargo, desafortunadamente, algunas diferencias pueden ser demasiado para simplemente ignorarlas. A menudo se consideran creencias o valores de alguien. A menudo, estos pueden pasarse por alto o ignorarse al principio de una relación, pero pueden conducir a problemas matrimoniales importantes con el tiempo.

3. *Etapas de la vida:* Este tema a menudo se pasa por alto cuando se trata de relaciones, pero el tema de las etapas de la vida prevalece, especialmente en nuestra sociedad moderna y en rápido movimiento. A veces, el origen de los problemas matrimoniales se debe a que la pareja simplemente quiere cosas diferentes de la vida. Estos problemas son más comunes en las relaciones entre parejas que tienen una diferencia de edad significativa.

4. *Estrés:* este ocurre en casi todos los matrimonios al menos una vez. El estrés puede ser causado por varias cosas diferentes, como problemas familiares, de salud mental o financieros. La forma en que se maneja este estrés puede determinar qué tan importante puede ser este problema en un matrimonio.

Problemas que amenazan incluso a los matrimonios felices

Los problemas no se reservan solo para quienes tienen matrimonios infelices; También hay problemas que pueden afectar incluso al mejor de los matrimonios. Sin embargo, la diferencia entre los buenos y los malos matrimonios es cómo se abordan estos problemas y cuánto permite cada uno de los cónyuges que el problema se intensifique antes de abordarlo. Un tema que a menudo asoma su fea cabeza incluso en un matrimonio feliz es traspasar los límites.

Los estudios han demostrado que una vez que una pareja se casa, no es raro que un cónyuge cambie a su pareja. Esto puede ser cualquier cosa, desde sus valores hasta lo que visten: el cónyuge intenta cambiar de pareja.

Estos intentos pueden generar problemas entre la pareja que pueden resultar perjudiciales si no se resuelven. La infidelidad también puede estar presente en un matrimonio feliz en forma de trampa emocional. Entonces, si bien puede que no haya trampa, la infidelidad emocional puede ocurrir cuando dos personas se separan y comienzan a conectarse con personas fuera del matrimonio.

A veces es bueno saber que incluso aquellos en matrimonios felices sufrirán problemas en su relación. Esto puede ayudarlo a poner en perspectiva su ansiedad por su relación y permitirle ser un poco menos duro consigo mismo.

Errores en una relación

Todos cometemos errores en las relaciones, especialmente en las relaciones a largo plazo. Es injusto esperar que ni tu ni tu pareja cometan errores en la relación. Mantener un estándar como este puede llevar a que se ejerza una presión innecesaria sobre una relación, lo que conduce a problemas completamente diferentes.

Los errores pueden variar en cuanto a su importancia. Algunos pueden rectificarse con el tiempo y con discusiones, y algunos son difíciles de recuperar. Un error común en las relaciones es dar por sentado a tu pareja. A medida que una relación crece y se desarrolla, puede ser fácil adaptarse a una nueva norma de vida.

Todo eso está muy bien. Sin embargo, a veces puede hacer que la pareja se sienta demasiado cómoda y comience a dar por sentado a su pareja. Dejar caer sus muros de privacidad es otro error que algunas personas cometen a medida que avanzan las relaciones.

Inicialmente, una relación cercana se forma guardando los secretos mejor guardados del otro y convirtiéndose en una fuente confiable de confianza para su pareja. Sin embargo, si estos secretos se les escapan a los amigos cercanos y a la familia con el tiempo, como resultado, pueden generar nuevos problemas de confianza y ansiedad en la relación.

Peleas por dinero

A medida que una relación crece, sus vidas se entrelazan más que nunca. Esto es algo grandioso ya que integra a cada miembro de la pareja en la vida del otro, compartiendo más recuerdos. Estos recuerdos incluyen hacer viajes juntos, tener mascotas, comprar autos o incluso ser dueños de una casa. Todos estos pasos son importantes y significativos para una relación, pero conllevan sus problemas relacionados con las finanzas.

A veces, los problemas pueden surgir de los hábitos de gasto excesivo de uno en particular. Es posible que te sientan incómodo con cuánto gasta tu pareja en cosas como ropa, zapatos u otros artículos que no consideras necesarios. Para entenderse mejor y encontrar una forma de compromiso, es esencial discutir por qué te sientes así y por qué tu pareja se siente diferente.

Otro problema que puede surgir en una relación respecto al dinero es el ahorro. Es posible que tengan diferentes ideas sobre cuánto debería ahorrar cada semana, lo que puede generar desacuerdos sobre cómo desean ahorrar dinero.

Nuevamente, es esencial discutir estos temas para ayudar a obtener una perspectiva de lo que piensa tu pareja y por qué se siente diferente a ti acerca del ahorro. Luego podrás establecer objetivos de ahorro comunes que, con suerte, satisfagan las necesidades de ambas partes.

Defender con determinación el propio punto de vista

Defender lo que crees es de vital importancia en cualquier relación. Si no te apegas a tu moral y creencias solo para mantener feliz a tu pareja y evitar la confrontación, finalmente terminarás triste y ansioso por la relación.

El punto de vista y las creencias de alguien son una parte importante de lo que nos hace a cada uno de nosotros individualmente. También es probable que sea una de las principales razones por las que tu pareja se enamoró de ti en primer lugar. Por lo tanto, es bueno saber cómo defenderte sin parecer defensivo para ayudar a mantener intactos tus puntos de vista.

Cuando discutas tu punto de vista sobre un tema, asegúrate de haber investigado. Cuando lanzas un pensamiento, habrá quienes estén de acuerdo contigo, pero también siempre habrá quienes no.

Además, asegúrate de ser susceptible a críticas constructivas. Una cosa es darle la bienvenida verbalmente. Sin embargo, al mostrar también que lo estás tomando en cuenta, le estás haciendo saber a tu pareja que estás dispuesto a escuchar y aprender y que debería hacer lo mismo.

Tener un punto de vista fuerte también requiere mucha paciencia. Puede ser que tu pareja simplemente no lo entienda al principio, y eso está bien. Prepárate para seguir con tus creencias y, con el tiempo, se dará cuenta de lo vital que es ese tema en particular para ti.

Problemas que llevan a un matrimonio en crisis: ¡evítalos a toda costa!

¡"Crisis" es una palabra grande y solo debe usarse cuando sea necesario! Por lo tanto, es vital abordar estos problemas potenciales antes de que se conviertan en una crisis que pueda conducir al divorcio.

1. *Perder la libido:* No tiene sentido pretender que el sexo no es una gran parte de ninguna relación. Con el tiempo, tu vida sexual en el matrimonio puede decaer si lo permites. Por tanto, es necesario mantener una vida sexual sana con tu pareja. Comunica tus gustos y disgustos. Continúa haciendo que tu pareja se sienta deseada a través de acciones y palabras.

2. *Engaños emocionales o físicos:* Es difícil volver de los engaños emocionales y físicos si no se resuelven. Engañar físicamente a alguien es un paso que, en algunos casos, es imposible de resolver y, en algunos casos, puede llevar al divorcio. Además, descubrir que tu pareja te ha

engañado emocional o físicamente puede generar nuevos niveles de estrés y problemas de ansiedad como resultado.

3. *Disputas de dinero:* Otro problema que puede surgir del matrimonio son las disputas de dinero. Estos pueden provenir de varias razones, como cómo se gasta el dinero o cómo se ahorra. Estas disputas pueden comenzar pequeñas al principio, pero si no se discuten en detalle, esto puede generar más resentimiento en el futuro.

Dos problemas sexuales ocultos entre parejas

En última instancia, las cuestiones entre parejas con respecto a los problemas sexuales se reducen a dos puntos principales. Estos dos problemas son más comunes de lo que piensas, y cómo lidiar con ellos como pareja es el aspecto más importante para ayudar a que la relación siga creciendo y prosperando.

En primer lugar, a menudo hay uno en la pareja que no está contento con la cantidad de sexo que hay en la relación. Esta puede ser una pareja que desea tener más relaciones sexuales, o puede ser una pareja que desea que estén haciendo el amor con menos frecuencia. Si no se comunica al respecto, esta frustración puede generar más resentimiento con el tiempo.

Este puede ser un problema que se filtre a otras partes de la relación, por lo que es importante detener estos problemas en seco mediante una comunicación temprana. Permitirá que ambos se comprendan mejor antes de progresar en la relación. Esto nos lleva a nuestro segundo punto, que es la comunicación. Las parejas suelen tener dificultades para hablar sobre lo que disfrutan en el dormitorio y lo que no les gusta.

Esto a veces puede conducir a una experiencia menos agradable e íntima en el dormitorio, lo que potencialmente obstaculizará la progresión de la relación general

Preguntas y problemas que tienen las parejas

1. *¿Cómo sé que es el indicado?*

A veces puede ser difícil saber si alguien es "el indicado" para ti. De manera frustrante, algunos amigos hacen que parezca tan obvio con su pareja que comienza a hacer que tu cuestiones tus sentimientos. Recuerda siempre que todos tenemos sentimientos diferentes y es imposible comparar tu relación con otra. Por lo tanto, es difícil saber si alguien es el indicado. Sin embargo, si disfrutan pasar tiempo juntos e imaginas un futuro con tu pareja, suele ser una buena señal.

2. No estoy lista para casarme, pero mi pareja sí.

Esto es bastante común y, cuando lo piensas, tiene mucho sentido. Siendo realistas, ¿cuáles son las posibilidades de que tú y tu pareja estén en el mismo lugar emocional al mismo tiempo? Si tu pareja es la persona adecuada para tu, respetará tu posición y esperará pacientemente a que estés listo a tu tiempo.

3. Siento que mi pareja no confía en mí.

Esto puede ser complicado y debe tratarse con delicadeza. En primer lugar, vale la pena abordar este sentimiento con tu pareja, explicando por qué te sientes así. Esto le permitirá a tu pareja discutir por qué no puede confiar en ti o por qué no quiere cambiar su comportamiento. Te dará un punto de partida cuando necesites ajustar su relación en consecuencia.

Capítulo 4: Una relación sana sin celos

Empieza a confiar en tu pareja y detén los pensamientos negativos y los celos. Los celos a menudo pueden percibirse como un signo de amor, pero este no es el caso. Si bien algunos pueden sentir que los celos provienen de un efecto profundamente arraigado en su pareja, los estudios lo han atribuido a otros rasgos como baja autoestima, sentimientos de posesividad e inseguridad, dependencia de los demás y sentimientos de insuficiencia.

Los celos solo pueden resolverse aceptando que este es el caso y trabajando en uno mismo. Trabajar en tu confianza interior aliviará algunos de los celos que sientes hacia tu pareja. En última instancia, esto te ayudará a eliminar cualquier aspecto de inseguridad o dependencia de los demás para que te sienta bien y adecuado como pareja.

También es importante comunicar estos sentimientos de celos a tu pareja y no guardártelos para ti. Cómo comunicas estos sentimientos es muy importante. No debes abordarlo con enojo; debes abordar los problemas entendiendo que tu comportamiento no es el correcto y que debes cambiar.

Al hacer esto, tu pareja comprenderá mejor la raíz de tus celos y apreciará que estés trabajando para mejorar estos sentimientos. A su vez, es probable que ajuste sus comportamientos para ayudarte a tener más confianza.

Pasos extraordinarios para superar la posesividad y los celos

1. *Deja el pasado en el pasado.* Tal vez una pareja anterior te haya mentido o engañado. Tal vez tengas problemas de abandono por eventos de la infancia. Estos eventos pasados deben dejarse de lado al comenzar una nueva relación. Llevar algo de tu bagaje emocional a una nueva relación te hará dudar de tu pareja o permanecer cerrado cuando, en realidad, no han hecho nada para merecer este tipo de comportamiento hacia ellos.

2. *Ten tu propia vida.* Asegúrate de desarrollar tus pasatiempos y círculos sociales antes de comenzar cualquier relación. No depende de tu

pareja mantenerte ocupado o proporcionar entretenimiento a tu vida. Tener estos intereses externos te hará sentir menos celoso cuando ellos realicen actividades similares con sus amigos.

3. Conoce a sus amigos. Otra forma de reducir los sentimientos de celos es hacer un esfuerzo por conocer y hacerse amigo de los amigos de tu pareja. Al llegar a conocerlos y ver a su pareja interactuar con ellos, no verás nada de qué preocuparte y comenzarás a sentirte más cómodo acerca de que ellos pasen más tiempo con sus amigos cuando no estés cerca.

Venciendo los celos en tu relación

Como puedes haber deducido, debes eliminar el concepto de celos de tu relación para crecer y desarrollarte con el tiempo. Eliminar los celos de tu relación les permitirá a ti y a tu pareja sentirse más cómodos en la presencia del otro. También conducirá a una relación más saludable y positiva a largo plazo.

Sin celos, podrán confiar completamente en las acciones de los demás hasta que hagan algo para que sientan lo contrario. Además, ambos pasarán a tener vidas divertidas y saludables que se incluyen entre sí pero que también tienen valor el uno sin el otro. Vencer los celos de su relación abrirá puertas completamente nuevas en su relación que no sabías que eran posibles.

Ira y celos: lidiar con la ira hacia un ex

Ser traicionado por una expareja puede ser muy perjudicial para cualquier relación futura si no se toma el tiempo para abordar estos problemas directamente. Puede ser que hayas visto una foto de ellos y te veas extremadamente feliz incluso después de herir tus sentimientos. Esto puede hacer que surjan sentimientos de ira y celos, y estos deben abordarse para asegurarse de que no afecten tus relaciones.

El primer paso es reconocer que tienes estas emociones. Son perfectamente normales y la mayoría de las personas las padecen. Estas emociones pueden surgir incluso después de que ya no tengas sentimientos de atracción hacia el otro.

Una vez que hayas reconocido estas emociones, es hora de expresarlas de manera saludable. Una manera fácil de hacerlo es escribir cómo te sientes en un papel antes de romperlo y tirarlo. Esto permite que los pensamientos salgan de tu cabeza antes de tirarlos ceremonialmente a la basura y seguir adelante con tu vida.

Recuperarse después de la infidelidad: pasos para deshacerse de los sentimientos negativos y las dudas sobre ti mismo

Uno de los problemas de relación más difíciles de superar es la infidelidad. Incluso si esto ocurrió hace muchos años en una relación diferente, aún podría ser difícil deshacerse del impacto de esto en las relaciones años después. Sin embargo, no te preocupes, hay pasos que puedes tomar para eliminar los sentimientos de duda de tu mente.

1. *Actúa rápido.* Cuando empieces a notar los sentimientos de desconfianza, ansiedad y miedo asomando sus horribles cabezas, actúa de inmediato. No permitas que estos sentimientos se manifiesten. Tranquilízate con un diálogo interno positivo y recuerda que no es necesario tener estos sentimientos en tu relación actual.

2. *Deja el pasado en el pasado.* Si bien puede ser muy difícil de hacer al principio, debes dejar tu pasado en el pasado. Es posible que tu pareja anterior haya roto tu confianza antes, pero no es justo poner esos mismos sentimientos en tu pareja actual, especialmente si no ha actuado de ninguna manera que te lleve a sentirte así. Es importante que recuerdes que estos son problemas del pasado y no de los que debas preocuparte.

3. *Habla de tus sentimientos.* También puede ser de gran ayuda hablar sobre tus sentimientos con otras personas, idealmente con tu pareja actual. Abrirte a ellos y permitirte ser vulnerable ayudará a tu pareja a comprenderte mejor y a alterar potencialmente tu comportamiento para ayudarte a encontrar la mitad del camino.

4. *No compares.* ¡Esto es muy importante! No compares a tu pareja actual con ninguna anterior. Es injusto para tu relación actual hacer

comparaciones. Trata a cada relación como una entidad. Actúa y reacciona en consecuencia en lugar de sobre experiencias anteriores.

5. *Escribe tus pensamientos.* También puede ser beneficioso escribir cómo te sientes. A veces, escribir cómo se sientes puede mostrarte lo tonto que estás siendo. Esta táctica también te permite liberar algunos de estos pensamientos negativos que están atrapados en tu mente.

6. *Ten en cuenta que no todo se trata de ti.* Puede ser difícil de creer, ¡pero el mundo entero no gira a tu alrededor! Al experimentar pensamientos negativos, es fácil pensar de esa manera. Sin embargo, es importante recordar que tu pareja pasa tiempo con amigos y familiares no porque no quieran pasar tiempo contigo, sino porque quiere pasar tiempo con esas personas.

7. *Considera sus reveses como temporales.* No te castigue si vuelves a caer en malos hábitos de vez en cuando. Los contratiempos son temporales y forman parte de la curva de aprendizaje a medida que te conviertes en una persona más positiva y un compañero más solidario.

8. *Participa en un diálogo interno positivo.* Cambiar tu diálogo interno con una conversación positiva es una excelente manera de ayudarte a aplastar los viejos pensamientos negativos arraigados.

El asombroso poder del pensamiento positivo

Pensar positivamente y tener optimismo puede tener un impacto increíble en tu vida. Te sorprenderás de lo que puedes lograr cuando mantienes pensamientos positivos. Una persona positiva encuentra bien incluso en las peores situaciones. También asumen lo mejor de las personas hasta que demuestren lo contrario. Esto es genial cuando se trata de dejar ir tu ira hacia una ex pareja.

En lugar de pensar en cómo te hicieron daño o en lo enojado que te hicieron, debes concentrarte en todos los aspectos positivos que resultaron de salir con ellos, sin importar cuán pequeños sean. Tal vez hiciste nuevos amigos saliendo con ellos, tomaste un nuevo pasatiempo o asististe a un evento en el que nunca habías estado antes de salir con ellos.

Al menos, la experiencia de salir con ellos te ha ayudado a convertirte en la persona que eres hoy. También te enseña lo que es y lo que no busca en un socio en el futuro.

El pensamiento positivo y cómo puede ayudarte a superar el miedo

Una de las formas más poderosas de superar el miedo es practicando la idea del pensamiento positivo. Los pensamientos positivos te ayudarán a mantenerte optimista y evitarán que los pensamientos negativos dicten tus acciones. Si lo permites, el miedo puede invadir tu mente, sintiéndote más ansioso y excitado cuando, en la mayoría de los casos, ¡no hay razón para estarlo!

Al ser positivo y tener pensamientos positivos, sofocará los pensamientos negativos antes de que se manifiesten y se conviertan en problemas mayores, como la ansiedad o el miedo.

Puedes practicar el pensamiento positivo escribiendo cualquier pensamiento negativo actual y dándole la vuelta para que sea más positivo. Esto te ayudará a abordar esos pensamientos negativos cuando surjan en el futuro, lo que te permitirá convertirte en una persona más positiva en el futuro..

Enfoques para superar los celos

Los celos prevalecen de alguna forma en muchas relaciones diferentes. Cuando te preocupas profundamente por alguien, es natural querer pasar tiempo con esa persona y saber que siente lo mismo que tú.

Tener sentimientos fuertes por alguien no significa que esté bien sentirse celoso cuando pasan tiempo con otras personas sin ti, especialmente si son amigos cercanos o familiares de tu pareja. Para asegurarte de mantener sus celos bajo control, es importante tener en cuenta cuándo comienzas a sentir estos sentimientos.

Si tu pareja tiene muchos amigos fuera de la relación, ¡es genial! No depende de ellos mantenerte entretenido, por lo que es importante que tengas tus círculos sociales y pasatiempos para no depender tanto de tu pareja.

Hipnosis para dejar de sentir celos

Otra táctica menos común para eliminar el sentimiento de celos de su relación es a través de la hipnosis. Hipnotizarte con el diálogo interno positivo y los desencadenantes que reducen los sentimientos de celos mejorará enormemente tu relación y tus sentimientos de autoestima. La hipnosis es una buena herramienta para los rasgos de celos que existen desde hace algunos años y están muy arraigados en la psique. La hipnosis se enfoca en la causa raíz de tus celos; esta es una herramienta extremadamente eficaz para eliminar los celos de tu relación.

Malos hábitos de pensamiento y cómo solucionarlos

1. Dedica tiempo a los pensamientos negativos.

En lugar de huir de tus emociones, debes tomarte el tiempo para abordar estos sentimientos de una manera estructurada y manejable. Es importante reservar un tiempo específico para abordar estos sentimientos. Permítete comprenderlos mejor y tratar de dejarlos atrás en el futuro. De lo contrario, estos pensamientos negativos seguirán apareciendo y desapareciendo, lo que te dificultará superarlos y progresar en tu vida y tus relaciones.

2. Cambia los pensamientos negativos.

Ahora que has dedicado algo de tiempo en tu calendario para abordar estos hábitos de pensamiento negativo, es hora de trabajar para reemplazarlos con algunos pensamientos más positivos. Al sentarte y llegar a la raíz de estos pensamientos negativos, puedes comenzar a evaluar estos pensamientos y comprender por qué los tienes. Entonces podrás reemplazarlos con pensamientos positivos.

Por ejemplo, tu pareja va a salir con amigos y, al ser un pensador negativo, instantáneamente concluyes que tu pareja preferiría pasar más tiempo con sus amigos que contigo. Si te tomas el tiempo para evaluar este pensamiento negativo, podrás cambiarlo por algo positivo, por ejemplo, estar orgulloso de tu pareja por tener amigos cercanos y una excelente vida social.

3. Conviértete en tu mejor amigo.

¡La persona más fácil de entablar amistad eres tú mismo! Al convertirte en tu mejor amigo, ya no dependerás de otras personas para mantenerte entretenido. Uno de los principales problemas de ansiedad surge de ser tan dependiente de tu pareja para divertirte o para entretenerte. Al practicar el arte del amor propio y convertirte en tu mejor amigo, te sentirás mucho más cómodo en tu propia compañía y dependerás menos de los demás para tu diversión.

4. Escribe tus sentimientos.

Finalmente, puede resultar extremadamente abrumador mantener todos tus pensamientos negativos encerrados en su mente. Una técnica para ayudarte a deshacerte de los pensamientos negativos es escribirlos y leerlos en voz alta. A veces, esta técnica puede hacer que te des cuenta de lo tontos que son. Además de eso, hay algo terapéutico en escribir tus pensamientos, sacarlos de tu mente y ponerlos en papel. Cuando hayas terminado, puedes romper el papel y tirarlo a la basura, junto con esos molestos pensamientos negativos.

Capítulo 5: Cómo comunicarte con tu pareja y diseñar un futuro juntos

Los problemas de comunicación no son infrecuentes y, a menudo, surgen en la mayoría de las relaciones románticas. Si bien algunas conversaciones pueden ser difíciles de mantener, hablar sobre tus miedos y ansiedades es la mejor manera de avanzar y ayudar a abordar esos problemas.

Sin comunicación, debes reflexionar sobre tus miedos por tu cuenta, lo que puede generar más problemas de ansiedad y suposiciones falsas. Esto puede conducir a una relación que se base en la desconfianza, el miedo y los celos, cosas que no deberían estar presentes en una relación feliz y saludable.

Es por eso que la comunicación es una parte tan esencial de cualquier relación; a menudo es el factor más influyente que causa diferentes problemas de ansiedad.

¿Se extinguió la comunicación con tu pareja luego del matrimonio?

Cuando se trata de problemas matrimoniales, la comunicación es a menudo la causa principal de muchos de ellos, y puede perderse fácilmente si no continúas trabajando en ello con tu pareja. Algunas parejas piensan que ya no necesitan trabajar en su relación una vez que se casan. ¡Pero eso no podría estar más lejos de la verdad!

Una vez casado, es fácil caer en los malos hábitos de seguir los movimientos y no discutir tus pensamientos y sentimientos con tu pareja. Si también están haciendo lo mismo, esto puede causar problemas más adelante. Problemas como la ansiedad causada por no saber cuál es su situación, las diferencias en la vida sexual, el estrés, la falta de dinero y la pérdida de confianza no desaparecen una vez que se casa.

Si pierdes tus habilidades de comunicación en el matrimonio, estos problemas pueden volver a surgir y causar estragos en tu relación.

Todos estos problemas surgen de no discutir cómo te siente con tu pareja, por lo que debes mantener una comunicación alta incluso después de casarte. Sin embargo, no te preocupe; Hay muchas formas que puedes tomar para mejorar tu comunicación o devolverla al nivel anterior al matrimonio.

Formas confiables de compartir el estrés con tu pareja

Uno de los aspectos principales de estar en una relación es apoyarse mutuamente con los problemas y experimentar cosas juntos. Un problema con el que la mayoría de los seres humanos se enfrenta en algún momento de su vida es el estrés. Hay algunas formas en las que pueden compartir su estrés como pareja.

1. *Observa los síntomas del estrés.* Asegúrate de estar atento a los síntomas relacionados con el estrés en tu pareja. Puede ser que sean demasiado tímidos para decir algo o ni siquiera sean conscientes de los síntomas en sí mismos, por lo que es esencial estar atento a cualquier cosa fuera de lo común. Esto te colocará en una excelente posición para abordar el problema cuando lo menciones o cuando tu pareja acuda a ti en busca de ayuda.

2. *Habla con tu pareja.* La comunicación es una de las mejores formas de lidiar con el estrés. El estrés no se puede manejar bien si no compartes tus pensamientos con tu pareja. Al decir en voz alta lo que te está estresando, se aliviará parte del estrés. También te pone en posición de discutirlo con más detalle con tu pareja para que te ayude a superarlo.

3. *Escucha.* Si tu pareja se acerca a ti con problemas relacionados con el estrés, es esencial que estés listo y preparado para escuchar. Asegúrate de prestar mucha atención a lo que dice. Deja que se desahogue antes de contribuir y asegúrate de no menospreciar cómo se siente.

4. *Comodidad.* Además de no menospreciarla, también es vital que consueles a tu pareja. Asegúrate de tranquilizarla siempre que puedas. La primera etapa para ayudar a un compañero con estrés es asegurarle que está bien y que resolverán los problemas que tienen juntos como equipo.

5. *Vuélvete activo.* Una vez que hayas establecido un nivel de comodidad, ¡no hay mejor remedio para el estrés que el ejercicio! Planifiquen una caminata, hagan ejercicio en casa o vayan juntos al gimnasio. Inmediatamente se sentirán mejor a medida que el cuerpo

lidia físicamente con el estrés y su mente está en otra parte durante un período significativo.

6. *Haz una lista.* Si el ejercicio no es lo tuyo, haz una lista de las cosas que te encanta hacer en pareja para combatir el estrés. Deberían hacer esta lista juntos para que tu y tu pareja puedan contribuir a lo que está escrito. Comenzarás a sentir algo de estrés incluso con solo hacer esta lista..

Habla de sexo con tu pareja

Esto puede ser complicado. A menudo, las personas se sienten ansiosas por sacar a colación el tema del sexo con su pareja, ya que temen que pueda hacer que su pareja se sienta enojada o avergonzada, y podría terminar la relación. En última instancia, si no estás satisfecho con tu vida sexual, es probable que la relación termine de todos modos. Entonces, cuando lo piensas de esa manera, ¡no tienes nada que perder!

1. *Empieza temprano.* Es bueno hablar de tu vida sexual con tu pareja al principio de la relación. Tener estas conversaciones temprano te permite establecer reglas básicas por adelantado. También genera otra capa de confianza a partir de la cual pueden crecer otras partes de su relación. Si esperas demasiado, comenzar la conversación será cada vez más difícil.

2. *O comienza lo antes posible.* Nunca es demasiado tarde. Incluso si has estado con tu pareja durante mucho tiempo, aún puedes abordar el tema, y los elementos como una mayor confianza y comprensión siempre prevalecerán.

3. *Discute las fantasías.* Contarle a alguien tus fantasías más profundas puede ser complicado. Por alguna razón, a pesar de ser algo que sabemos que nos complacerá, nos resulta vergonzoso hablar de esto con nuestra pareja. Sin embargo, es crucial hacerlo para asegurarte de obtener todo lo que deseas de tu relación sexual con su pareja.

4. *Elije el momento adecuado.* Aunque es vital actuar rápido, ¡hay un momento y un lugar para tener estas conversaciones! Por ejemplo, probablemente no sea una conversación que desees comenzar cuando estés cenando con los padres de tu pareja. Encontrar el momento adecuado es importante, ya que te permitirá conversar en un lugar seguro y privado para tener una intimidad genuina.

5. *Toma posesión.* ¡Toma tu placer sexual en tus propias manos! Si quieres que tu pareja pruebe algo que sabes que disfrutarás, ¡díselo! Debes poder discutir cualquier fantasía con tu pareja, sabiendo que la conversación es entre ustedes dos y que estarán atentos y escucharán sus necesidades.

6. *Se claro.* Se claro sobre qué es lo que quieres que no estás obteniendo actualmente. Estas conversaciones pueden sorprender a tu pareja, por lo que es importante que hagas que los detalles sean fáciles de seguir y digerir.

7. *Se positivo.* También es fundamental ser positivo con tu pareja. No querrás herir sus sentimientos diciéndoles que están haciendo algo mal. En su lugar, concéntrate en algunas de las cosas que hace que le encantan y al mismo tiempo incluye las cosas que te gustaría que probaran más.

8. *Escucha.* Finalmente, asegúrate de estar listo para escuchar a tu pareja. Puede que te sorprenda saber que tu pareja también tiene fantasías y cosas que le gustaría hacer más o menos. Asegúrate de estar listo no solo para explicar tus pensamientos, sino también para ser receptivo.

Enfoques para seducir y coquetear con tu pareja

El coqueteo a menudo se ve como algo que solo hacen las personas solteras o las personas en una nueva relación, ¡pero ese no es el caso! Todavía puedes seducir y coquetear con tu pareja incluso cuando ya has estado casado o en una relación durante mucho tiempo. Estas son algunas formas de hacerlo:

1. *Ofrece cumplidos en privado.* Una forma de mantener el romance en tu relación es felicitar a tu pareja. Con el tiempo, es fácil asumir que tu pareja sabe que crees que se ve hermoso, pero no es necesariamente el caso. Lanzar un cumplido de vez en cuando es muy útil y, al menos, hará que se sonríe. Sin embargo, asegúrese de que el cumplido sea genuino. ¡A nadie le gustan los farsantes!

2. *Ofrece cumplidos en público.* No creas que los cumplidos deberían ser solo en privado. Al decirle a tu pareja cuánto la valoras y felicitarla en público, le muestras que estás orgulloso y te sientes honrado de que te vean con ella. Sin embargo, esto depende de los gustos de tu pareja, ya que puede ser que algunas personas se sientan incómodas y tímidas.

3. *Vístanse el uno para el otro.* ¡Haz un esfuerzo! Una vez que una pareja ha estado junta durante mucho tiempo, puede ser fácil aparecer en sus joggers y descansar en el sofá. Dale un poco de sabor vistiéndote elegantemente y saliendo a comer o a bailar. Esto hará que ambos se sientan bien consigo mismos y entre sí, lo que agregará más romance a su relación.

4. *Ponte sensible.* ¡Dentro de lo razonable, por supuesto! Cuando estés en la comodidad de tu propia casa y con el consentimiento de tu pareja, no hay razón para no ponerte un poco dulce. Los pequeños toques de afecto son una excelente forma física de demostrarle a tu pareja que te preocupas. Los hace sentir bienvenidos y atractivos. Pasa tu mano por su cabello. Besa su cuello. Son las pequeñas cosas las que marcan la mayor diferencia.

5. *Recibe mensajes de texto.* Estamos en 2020. Ponte en tu teléfono y empieza a sextear. Envíale a tu pareja un mensaje descarado mientras está en el trabajo, o construyan una fantasía sexual a través de teléfonos móviles antes de verse. Solo tengan en cuenta que deben tener cuidado al enviar algo explícito. Internet es de por vida, así que no publiques nada que pueda avergonzarte en el futuro.

6. *Insinuaciones sigue siendo el rey.* Uno agradable y fácil aquí: ¡no pierdas la oportunidad de deslizar una pequeña insinuación! De nuevo, esto no es adecuado para todas las conversaciones o ubicaciones, pero una pequeña insinuación aquí y allá puede ser de gran ayuda.

Conclusión

En resumen, vale la pena recordar que no eres el único que está lidiando con la ansiedad en las relaciones. Millones de personas en todo el mundo están pasando por problemas similares. ¡Estás un paso más cerca de resolverlos, ya que te has tomado el tiempo de investigar y leer este libro para obtener consejos y sugerencias!

Si tomas algo de este libro, es que la comunicación es la piedra angular para lidiar con cualquier ansiedad de relación. ¡Hablar hace que todo sea mejor! Es vital para cualquier relación en cualquier etapa tener conversaciones maduras y tranquilas sobre cómo te sientes. Te ayuda a llegar a conclusiones amistosas sobre cómo vas a proceder.

Ya sea que estés en una nueva relación discutiendo problemas de confianza y miedo al abandono o en una relación a largo plazo hablando de falta de comunicación o libido, estas conversaciones son vitales. Marcarán una gran diferencia cuando se trata de lidiar con la ansiedad en las relaciones.

Si disfrutaste de este libro, ¡siempre se agradece una opinión honesta!

www.ingramcontent.com/pod-product-compliance
Lightning Source LLC
Chambersburg PA
CBHW030312030426
42337CB00012B/686